À Charlie

Texte original : Martin Handford
Adaptation française : Monique Souchon
Secrétariat d'édition : Justine de Lagausie

Première édition originale 1987 par Walker Books Limited sous le titre
WHERE'S WALLY?
PAO : Liani Copyright
ISBN : 978-2-32400-201-4 - Dépôt légal : janvier 2012
Imprimé en Chine
Loi n° 49-956 du 16 juillet 1949 sur les publications destinées à la jeunesse.
Éditions Gründ – 60, rue Mazarine
75006 Paris
www.grund.fr

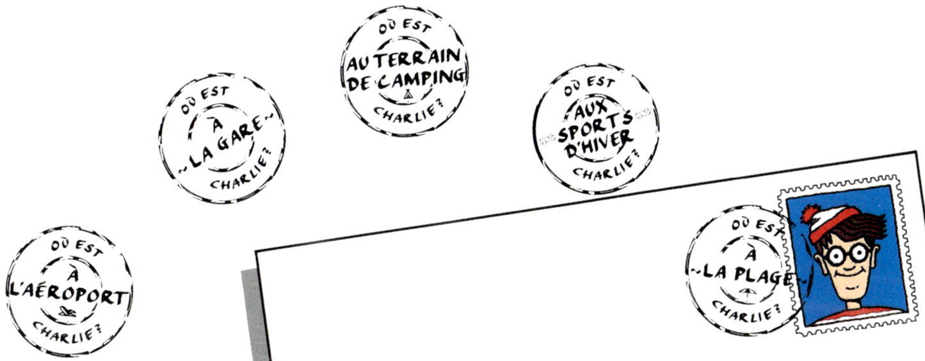

OÙ EST CHARLIE ?

MARTIN HANDFORD

GRÜND

SALUT LES COPAINS,
JE M'APPELLE CHARLIE! JE ME PRÉPARE À FAIRE UN TOUR DU MONDE. SI VOUS VOULEZ, JE VOUS EMMÈNE AVEC MOI. VOTRE PRINCIPAL TRAVAIL SERA DE ME TROUVER. JE SUIS BIEN ÉQUIPÉ : CANNE, BOUILLOIRE, MAILLET, TASSE, SAC À DOS, DUVET, JUMELLES, APPAREIL PHOTO, MASQUE ET TUBA, CEINTURE, SACOCHE ET MÊME UNE PELLE. AU FAIT, JE NE VOYAGE PAS SEUL, DE NOMBREUX PERSONNAGES M'ACCOMPAGNENT. TOUT D'ABORD, OUAF (DONT ON NE VOIT QUE LA QUEUE), PUIS FÉLICIE, LE MAGE BLANCHEBARBE ET, ENFIN, POUAH. VINGT-CINQ DE MES FANS ME SUIVENT AUSSI; CHACUN N'APPARAÎT QU'UNE FOIS. ET PUIS, UN AUTRE PERSONNAGE S'EST GLISSÉ DANS TOUTES LES SCÈNES; IL N'EST PAS DESSINÉ CI-DESSOUS. POURREZ-VOUS LE REPÉRER ? POUR FINIR, IL VOUS FAUDRA TROUVER DANS CHAQUE SCÈNE MA CLEF, L'OS DE OUAF, L'APPAREIL PHOTO DE FÉLICIE, LE PARCHEMIN DE BLANCHEBARBE, SANS OUBLIER LES JUMELLES DE POUAH.

BON COURAGE!

Charlie

OÙ EST
À
LA PLAGE
CHARLIE?
SALUT,
FANS DE CHARLIE!
C'ÉTAIT SUPER À LA PLAGE
AUJOURD'HUI! J'AI VU UNE PETITE
FILLE JETER UNE GLACE À LA TÊTE
DE SON FRÈRE, ET UN CHÂTEAU
DE SABLE AVEC UN VRAI CHEVALIER
EN ARMURE À L'INTÉRIEUR!
C'ÉTAIT GÉNIAL!
Charlie
DEST. :
FANS DE CHARLIE,
ICI, LÀ,
PARTOUT.

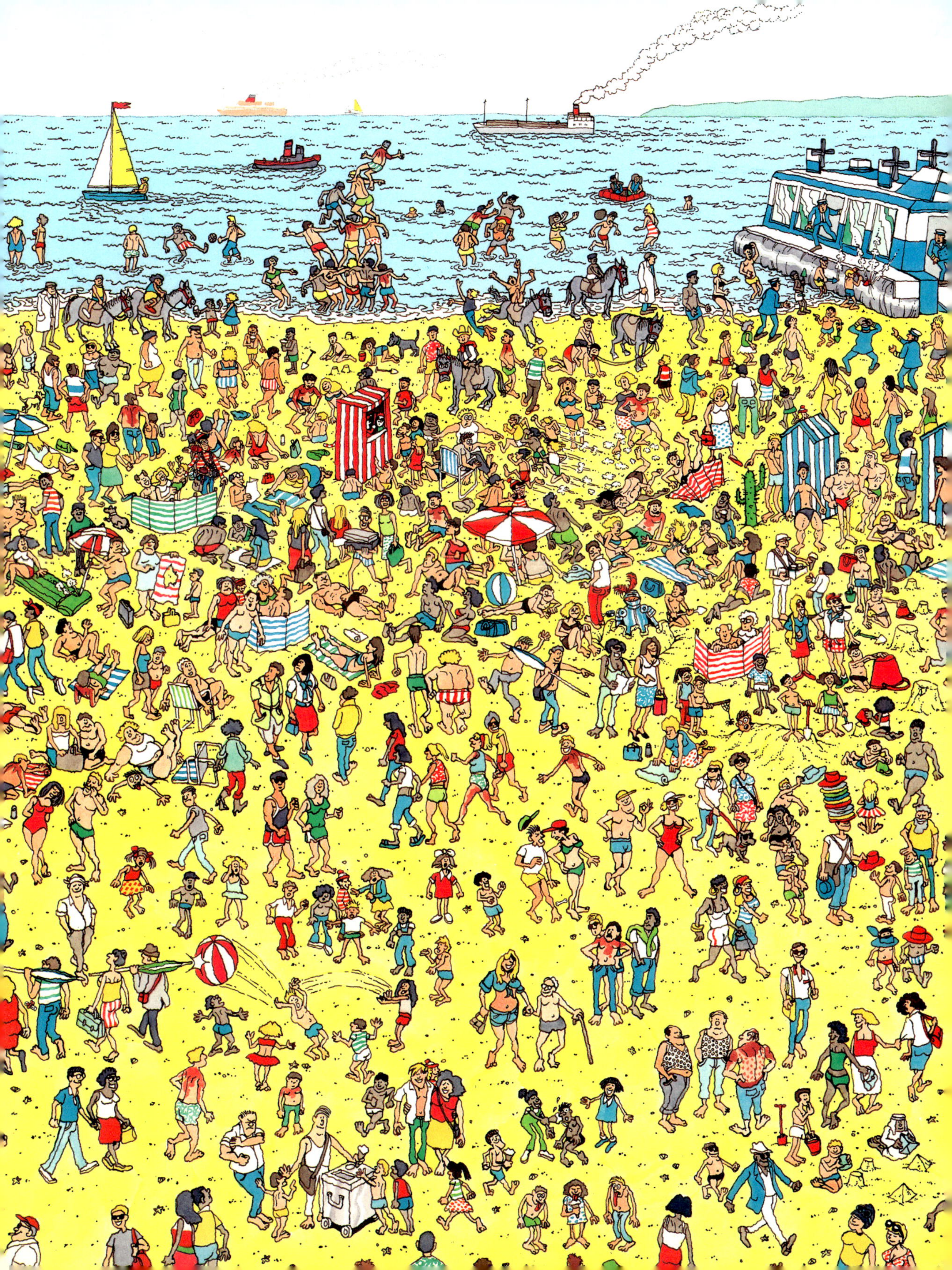

COUCOU, LA BANDE À CHARLIE!
EN DESCENDANT QUELQUES PISTES,
J'AI VU DES CHOSES INCROYABLES!
IL Y AVAIT UN SKIEUR QUI OFFRAIT
DES FLEURS À SA PETITE AMIE,
UN AUTRE QUI TRANSPORTAIT
UNE ANCRE SUR SON ÉPAULE,
UN AUTRE ENCORE QUI
DESCENDAIT LA PENTE, PRIS DANS
UNE ÉNORME BOULE DE NEIGE!
C'EST À PEINE CROYABLE, NON?
Charlie
OÙ EST
AUX SPORTS D'HIVER
CHARLIE
DEST. :
LA BANDE À CHARLIE,
EN HAUT,
EN BAS,
PARTOUT AILLEURS.

ATTENTION! ATTENTION!
ADMIRATEURS DE CHARLIE!
AVEZ-VOUS DÉJÀ VU DES SIRÈNES
DANS UN CANAL? UN CHIEN
PARÉ D'UNE COIFFURE D'INDIEN?
OU UN BALLON DE FOOT LANCÉ
D'UN PIED SÛR TRAVERSER UNE
CARAVANE? MOI, J'AI VU TOUT
CELA AUJOURD'HUI!
C'ÉTAIT ABSOLUMENT FABULEUX!
Charlie
OÙ EST
AU TERRAIN
DE CAMPING
CHARLIE?
DEST. :
ADMIRATEURS
DE CHARLIE,
NORD DU PÔLE SUD,
EST DU PÔLE OUEST,
PLANÈTE TERRE.

TCHOUK-TCHOUK,
DISCIPLES DE CHARLIE!
J'ADORE LES GARES, PAS VOUS?
IL Y A TANT DE TRAFIC
AUJOURD'HUI. VACHES ÉCHAPPÉES
D'UN FOURGON, HOMME
ENDORMI ENTRE LES RAILS,
CHIENS CAUSANT TOUTES SORTES
D'INCIDENTS!
C'EST VRAIMENT CHOUETTE!
Charlie
OÙ EST
À
LA GARE
CHARLIE?
DEST. :
DISCIPLES DE CHARLIE,
AU-DELÀ DES MERS,
EN BAS DE LA RUE,
APRÈS LE VIRAGE.

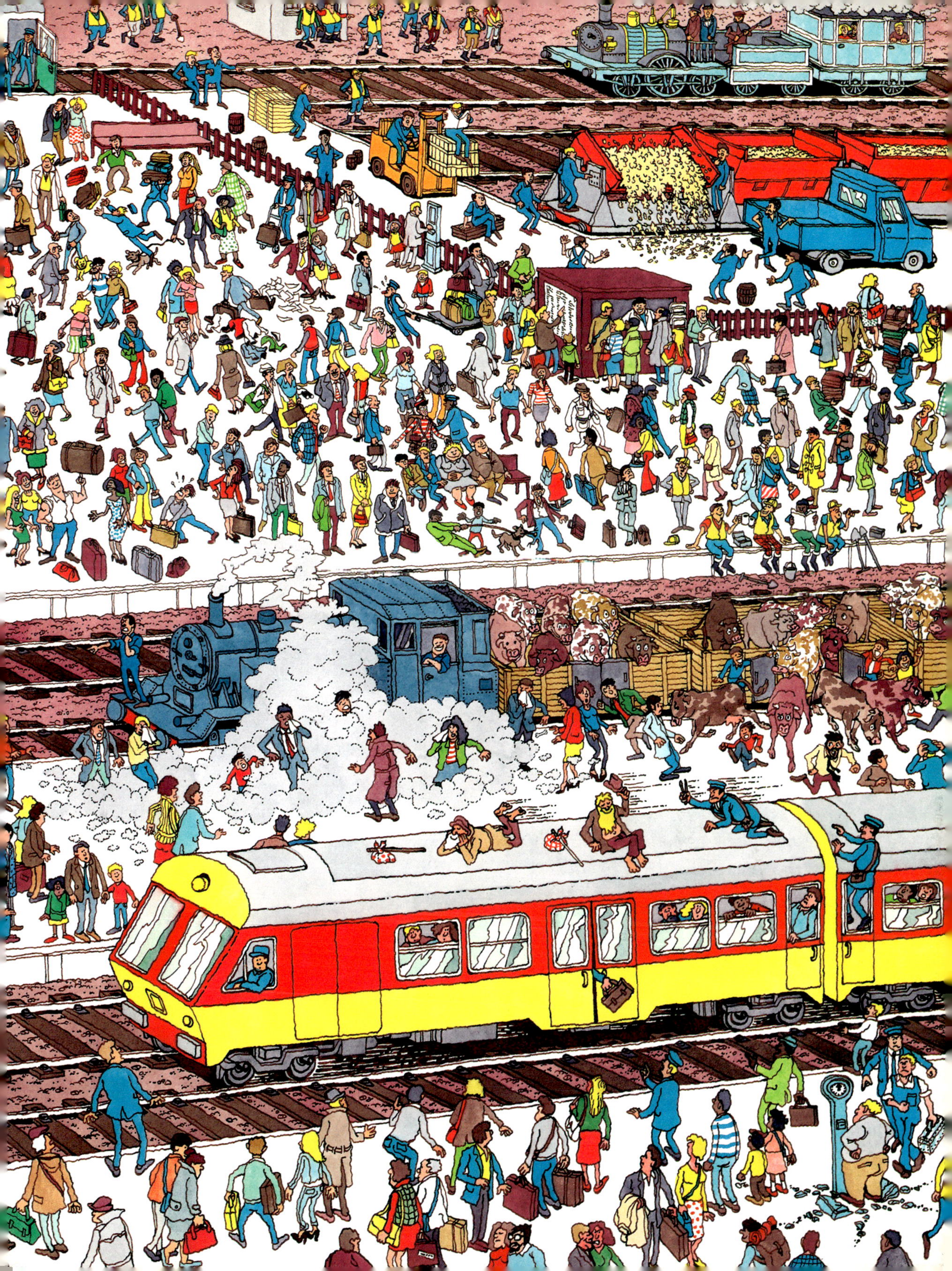

C'EST ENCORE MOI,
COPAINS DE CHARLIE!
IL SE PASSE DES CHOSES BIZARRES
À L'AÉROPORT CE MATIN.
UN HÉLICOPTÈRE A DÉCAPITÉ
TOUTES LES HAMPES DE DRAPEAU,
UN CONTREBANDIER S'EST FAIT
PRENDRE AVEC DES MONTRES
CACHÉES DANS SA BARBE,
UN TROUPEAU D'ÉLÉPHANTS EST
MONTÉ DANS UN JUMBO-JET.
BIZARRE, NON?
Charlie
OÙ EST À L'AÉROPORT CHARLIE?
DEST. :
COPAINS DE CHARLIE,
SOUS LE TAPIS,
SOUS LE LIT,
ENCORE DESSOUS.

À VOS MARQUES,
SUPPORTERS DE CHARLIE!
QUEL CHAMPIONNAT!
PRESQUE UNE ÉMEUTE!
REGARDEZ CET ARBITRE CLOUÉ
AU SOL PAR DES JAVELOTS!
ET CET ATHLÈTE QUI A CASSÉ
SA PERCHE! À PROPOS DE PERCHE,
AVEZ-VOUS REPÉRÉ LE GRAND
CHAMPION DE SAUT
EN HAUTEUR ?
Charlie
OÙ EST CHARLIE ?
AU STADE
DEST. :
SUPPORTERS
DE CHARLIE,
IL ÉTAIT UNE FOIS,
DANS LE MONDE D'HIER,
DEMAIN.

COMMENT ALLEZ-VOUS,
CHERS ÉLÈVES ?
COMME VOUS LE SAVEZ, JE SUIS
TRÈS INTELLIGENT. J'APPRENDS
BEAUCOUP DANS LES MUSÉES.
J'AI COMPRIS COMMENT
ON CHATOUILLE LES DOIGTS DE PIED
D'UN GARDIEN COINCÉ AU PILORI,
COMMENT ON FAIT TOMBER UNE
ARMURE, COMMENT LES MOMIES
ÉGYPTIENNES PORTENT LEUR
BÉBÉ. C'EST BEAU LA SCIENCE !
Charlie
OÙ EST
AU MUSÉE
CHARLIE ?
DEST. :
ÉLÈVES DE CHARLIE,
ÉCOLE,
PROBLÈMES,
TOUJOURS.

LARGUEZ LES AMARRES,
MARINS DE CHARLIE!
COMMENT VOUS DÉCRIRE
LES MERVEILLES QUE J'AI APERÇUES?
UN HOMARD ALLONGÉ DANS UN LIT
FLOTTANT! UNE ÎLE DÉSERTE
QUI CHAVIRE! UN REQUIN
DANS UNE PISCINE!
MAIS... M'AVEZ-VOUS TROUVÉ?
TELLE EST LA VRAIE QUESTION.

Charlie

DEST. :
MARINS DE CHARLIE,
AU FOND
DE LA MARE,
AU BORD
DE LA CRIQUE.

HÉ ! CHASSEURS DE CHARLIE !
JE SUIS L'AMI DES ANIMAUX,
ÇA C'EST SÛR ! J'AIME
CET HIPPOPOTAME
AVEC SON RÉVEIL, CE LION
QUI SE FAIT PEIGNER LA CRINIÈRE,
CETTE GIRAFE QUI DÉGUSTE
UN CHAPEAU ET CES CHOUETTES
AVEC LEURS LUNETTES DE SOLEIL !
Charlie
OÙ EST
À
LA RÉSERVE
CHARLIE ?
DEST. :
CHASSEURS
DE CHARLIE,
JOLI COIN,
LA JUNGLE,
DEHORS.

REGARDEZ BIEN,
VOUS QUI GUETTEZ CHARLIE!
JE SUIS ABASOURDI PAR TOUT
CE QUE J'AI VU AUJOURD'HUI :
UNE FEMME QUI BRÛLE
UN PANTALON AVEC UN FER
À REPASSER, UN HOMME QUI
ENLÈVE SES HABITS POUR
LES LAVER, UN GANT QUI TENTE
D'ÉTRANGLER UN CLIENT... BREF!
UN TAS DE TRUCS INCROYABLES!
Charlie
OÙ EST CHARLIE? AU GRAND MAGASIN
DEST. :
LES GUETTEURS
DE CHARLIE,
DANS LA LUNE,
L'OUEST SAUVAGE,
MAINTENANT.

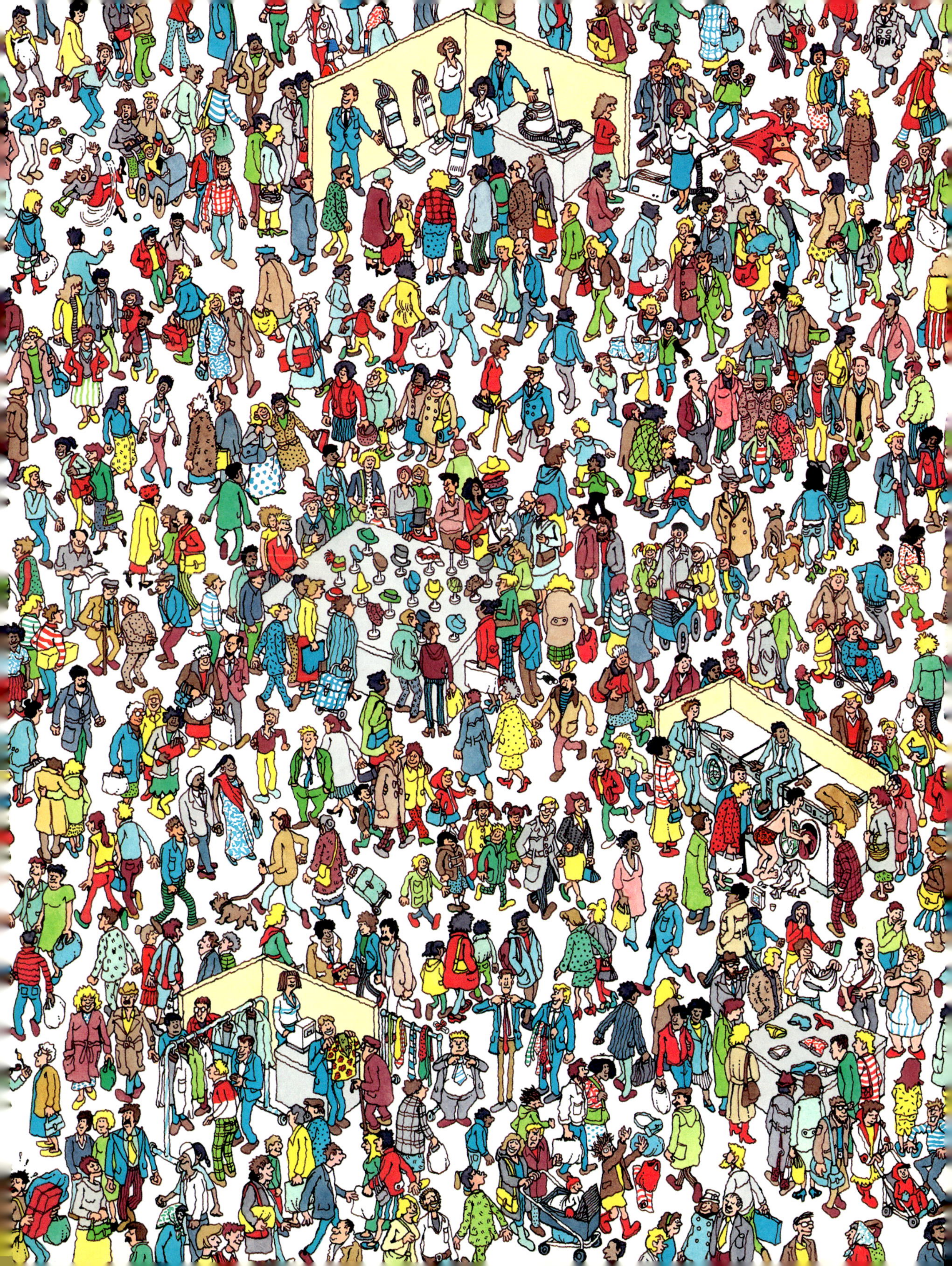

RETROUSSEZ VOS MANCHES,
JOYEUX COMPAGNONS DE CHARLIE!
VOUS DEVEZ RETOURNER AU DÉBUT
DE CE LIVRE ET RETROUVER
TOUTES LES PIÈCES DE MON
ÉQUIPEMENT, PUISQUE J'EN AI
OUBLIÉ UNE DANS CHAQUE
ENDROIT OÙ JE SUIS PASSÉ.
ET CE N'EST PAS TOUT : L'UN
DE MES FANS A PERDU LE POMPON
DE SON CHAPEAU. LEQUEL EST-CE?
ET OÙ EST SON POMPON?
Charlie
OÙ EST
À LA FÊTE FORAINE
CHARLIE?
DEST. :
LES JOYEUX
COMPAGNONS
DE CHARLIE,
RETOUR À LA CASE
DÉPART, POUR
UN NOUVEAU DÉBUT,
EXTRA.

OÙ EST CHARLIE ?

Encore une foule de choses à trouver et de gags pour les fans de Charlie

EN VILLE

- [ ] Un chien en laisse sur un toit
- [ ] Un homme sur un jet d'eau
- [ ] Quelqu'un qui va trébucher
- [ ] Un carambolage de voitures
- [ ] Un coiffeur particulièrement efficace
- [ ] Des téléspectateurs dans la rue
- [ ] Un pneu crevé par un Romain
- [ ] Une musique bien triste
- [ ] Une plante bien agressive
- [ ] Un serveur plutôt étourdi
- [ ] Un voleur bien attrapé
- [ ] Un visage sur un mur
- [ ] Un homme sortant des égouts
- [ ] Un ami des pigeons
- [ ] Un accident de bicyclettes

AUX SPORTS D'HIVER

- [ ] Un homme qui lit sur un toit
- [ ] Un skieur qui vole malgré lui
- [ ] Un skieur qui aura du mal à s'arrêter
- [ ] Quelqu'un qui skie à l'envers
- [ ] Une silhouette dessinée dans la neige
- [ ] Un pêcheur en pleine infraction
- [ ] Un skieur qui n'a pas vu la porte d'une maison
- [ ] Deux skieurs qui ont perdu connaissance
- [ ] Deux skieurs qui embrassent un arbre
- [ ] Une trompe de montagne
- [ ] Un bonhomme de neige qui fait du ski
- [ ] Un collectionneur de drapeaux
- [ ] Deux clochards qui font du ski
- [ ] Un skieur au sommet d'un arbre
- [ ] Un skieur nautique
- [ ] Un abominable homme des neiges
- [ ] Deux rennes sur des skis
- [ ] Un toit transformé en tremplin
- [ ] Un amas de skieurs

À LA GARE

- [ ] Un garçon tombe du train
- [ ] Une panne sur la voie ferrée
- [ ] Une course sur le toit d'un train
- [ ] Une porte ouverte avec énergie
- [ ] Un homme qui va marcher sur une balle
- [ ] Trois pendules qui ne sont pas d'accord
- [ ] Une brouette-berceau
- [ ] Un train à côté de ses rails
- [ ] Un journal lu à cinq
- [ ] Un porteur dépassé
- [ ] Une pyramide de bagages
- [ ] Deux valises mal fermées
- [ ] Une locomotive qui fume
- [ ] Une mauvaise répartition sur un banc
- [ ] Un chien agressif
- [ ] Des contrôleurs très consciencieux
- [ ] Un bras coincé dans une porte
- [ ] Un troupeau qui sème la panique
- [ ] Un homme vraiment trop lourd

À LA PLAGE

- [ ] Un chien qui a de bonnes dents
- [ ] Un homme très frileux
- [ ] Un athlète à médaille
- [ ] Une fille qui a du succès
- [ ] Quelqu'un qui fait du ski nautique
- [ ] Deux moitiés d'athlète
- [ ] Un matelas pneumatique percé
- [ ] Un âne qui adore les glaces
- [ ] Un homme en passe de périr écrasé
- [ ] Les derniers moments d'un ballon de plage
- [ ] Une pyramide acrobatique
- [ ] Un homme-paillasson
- [ ] Un couple bizarrement assorti
- [ ] Un cow-boy
- [ ] Un homme en laisse
- [ ] Deux amies à lunettes
- [ ] Un garçon qui suit les traces de son père
- [ ] Deux hommes en T-shirt, un sans
- [ ] Le supplice de l'araignée
- [ ] Un concours de pâtés
- [ ] Une équipe de voleurs de chapeaux
- [ ] Un tout petit émir qui fait des pyramides
- [ ] Trois langues pendantes
- [ ] Deux chapeaux qui ont une drôle d'allure
- [ ] Un couple bizarrement accoutré
- [ ] Cinq coureurs
- [ ] Une serviette trouée
- [ ] Un aéroglisseur perforé
- [ ] Un petit garçon qui n'a pas droit aux glaces

AU TERRAIN DE CAMPING

- [ ] Une haie bizarrement taillée
- [ ] De drôles de cornes
- [ ] Un requin dans le canal
- [ ] Une corrida inattendue
- [ ] Un coup de pied malencontreux
- [ ] Un thé bien mal servi
- [ ] Un pont trop bas
- [ ] Un maillet-assommoir
- [ ] Un homme qui se déshabille
- [ ] Une bicyclette qui va avoir des ennuis
- [ ] Des campeurs venus de loin
- [ ] Un épouvantail peu efficace
- [ ] Un wigwam
- [ ] De superbes biceps
- [ ] Une tente qui s'est écrasée
- [ ] Un barbecue qui fume
- [ ] Un pêcheur de vieilles bottes
- [ ] Un gladiateur
- [ ] Un père Noël égaré
- [ ] Des randonneurs assoiffés
- [ ] Un bateau qui gonfle un homme
- [ ] Un maître d'hôtel guère à sa place
- [ ] Des scouts qui font du feu
- [ ] Un randonneur en rollers
- [ ] Une cafetière renversée
- [ ] Une caravane mal en point

AU STADE

- [ ] Six pieds qui dépassent du sable
- [ ] Un cow-boy qui donne le départ de la course
- [ ] Des coureurs d'obstacles hors d'état de nuire
- [ ] Dix enfants avec quinze jambes
- [ ] Un discobole
- [ ] Quelqu'un qui jongle avec des poids
- [ ] Un cornet acoustique bien nécessaire
- [ ] Un coureur sur deux-roues
- [ ] Quelqu'un qui saute en parachute
- [ ] Un Écossais avec un tronc d'arbre
- [ ] Un éléphant tirant une corde
- [ ] Un marteau qui frappe fort
- [ ] Un amoureux des fleurs
- [ ] Trois hommes-grenouilles
- [ ] Un coureur nu
- [ ] Un lit
- [ ] Une momie
- [ ] Un coureur sur quatre pattes
- [ ] Les traces d'un champion disparu
- [ ] Un athlète qui a de drôles de jambes
- [ ] Un homme qui course un chien qui course un chat
- [ ] Un homme qui recrache de l'eau
- [ ] Un arbitre en mauvaise posture